MW00509197

dudal - escuela
dannagol - viaje
taraspoor - transporte
wuro mowngu - ciudad
yiyande taariinde - paisaje
restora - restaurante   17
sipermarse - supermercado   20
njaram - bebidas   22
ñaamdu - comida   23
ngesa - granja   27
galle - casa   31
suudu yeewtere - sala   33
waañ - cocina   35
tarodde - cuarto de baño   38
suudu sakaabe - habitación de los niños   42
comcol - ropa   44
gollirgal - oficina   49
faggudu - economía   51
haajuuji - oficios   53
kuutorde - herramientas   56
kongirgon misik - instrumentos musicales   57
nokku kullon - zoo   59
coftal balli - deportes   62
golle - actividades   63
besngu - familia   67
bandu - cuerpo   68
suudu safirdu - hospital   72
irsaans - urgencia   76
Leydi - tierra   77
montoor - hora(s)   79
yontere - semana   80
hitaande - año   81
Mbaadi - formas   83
kuloraaji - colores   84
ceertude - opuestos   85
limorde - números   88
demde - idiomas   90
holi oon / hol dum / no - quién / qué / cómo   91
hol toon - dónde   92

Impressum
Verlag: BABADADA GmbH, Nedderfeld 112 , 22529 Hamburg
Geschäftsführer / Verlagsleitung: Harald Hof
Druck: Books on Demand GmbH, In de Tarpen 42, 22848 Norderstedt

Imprint
Publisher: BABADADA GmbH, Nedderfeld 112 , 22529 Hamburg, Germany
Managing Director / Publishing direction: Harald Hof
Print: Books on Demand GmbH, In de Tarpen 42, 22848 Norderstedt, Germany

suudu jangirdu
aula

feccude
dividir

186/2

balal binndi
pizarra

hakkunde ekkol
patio

janginoowo
maestro/a

kaayit
papel

windude
escribir

kudol
boligrafo

biro
escritorio

reegal
regla

deftere
libro

almuudo
alumno/a

kartaabal

cartera

moftirdo kereyonji

caja de lápices

kereyo

lápiz

ceebnirgel kereyon

sacapuntas

momtirgel

goma de borrar

alluwal ciifirgal

cuaderno de dibujo

ciifgol

dibujo

limsere pentirteeɗo

pincel

suwo pentirɗo

caja de pinturas

sisooji

tijeras

ɗakkorgal

pegamento

deftere ekkorgal

cuaderno de ejercicios

golle janŋde

deberes

niimara

número

ɓeydude

sumar

ustude

restar

ɓeydude keeweendi

multiplicar

qimaade

calcular

ɓataake

letra

karfeeje

alfabeto

kongol

palabra

bindol

texto

jangude

leer

bindirgal

tiza

darsu

lección

winditaade

cuaderno de notas

egsame

examen

sartifika

certificado

comcol duɗal

uniforme escolar

janŋde

educación

ansikolopedi

enciclopedia

duɗal jaaɓi haɗtirde

universidad

mikoroskop

microscopio

kartal

mapa

suwo kurjut

papelera

otel
hotel

obers
albergue

ROOMS

ku beccugol e neldugol
na de cambio de divisas

EXCHANGE

waxannde
maleta

oto
coche

ɗemngal

idioma

Eey / ala

sí / no

Moƴƴi

Vale

mbaɗɗa

hola

pirtoowo

traductor

A jaraama

Gracias

no foti...?

¿cuánto es...?

Mi faamaani

No entiendo

hanmi

problema

Jam hiri!

¡Buenas tardes!

Jam waali!

¡Buenos días!

Mbaalen e jam!

¡Buenas noches!

ñande woɗnde

adiós

laawol

dirección

bagaas

equipaje

saawdu

bolsa

saawdu wambateendu

mochila

koɗo

invitado

suudu

habitación

njegenaaw

saco de dormir

caalel ladde

tienda de campaña

kabaruuji tuurist

información turística

tufnde

playa

kartal banke

tarjeta de crédito

kacitaari

desayuno

bottaari

almuerzo

hiraande

cena

biye

billete

suutde

ascensor

tampon

sello

keerol

frontera

duwaan

aduana

ambasad

embajada

wiisa

visa

paaspoor

pasaporte

laala ndiwoowa
avión

batoo
barco

oto pompiyeeji
coche de bomberos

biis
autobús

kamiyon
camión

laana motoor
lancha a motor

welo
bicicleta

oto
coche

batoo

transbordador

laana

barca

welo

moto

oto polis

coche de policía

oto dogirteeɗo

coche de carreras

oto luwateeɗo

coche de alquiler

dendugol oto

stamo de vehículos

oto dandoowo goɗɗo

grúa

oto kurjut

camión de la basura

motoor

motor

karbiran

gasolina

nokku esaans

gasolinera

ntinooje yaangarta

señal de tráfico

yaa ngarta

tráfico

jiiɓo yaa ngarta

atasco

dingiral otooji

aparcamiento

dingiral laana leydi

estación de tren

laaɓi

vías

laana leydi

tren

laana ndegoowa

tranvía

saret

vagón

elikopteer

helicóptero

ayrepoor

aeropuerto

tuur

torre

wonɓe e laana

pasajero

konteneer

contenedor

karton

caja de cartón

duñirgel kaake

carretilla

basket

cesta

diwde / juuraade

despegar / aterrizar

wuro mowngu

ciudad

wuro

pueblo

hakkunde wuru wowngo

centro de ciudad

galle

casa

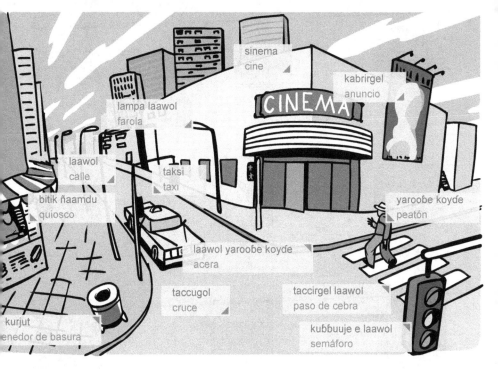

sinema
cine

kabrirgel
anuncio

lampa laawol
farola

laawol
calle

taksi
taxi

bitik ñaamdu
quiosco

yaroobe koyɗe
peatón

laawol yaroobe koyɗe
acera

taccugol
cruce

taccirgel laawol
paso de cebra

kurjut
enedor de basura

kubbuuje e laawol
semáforo

tiba

cabaña

ko foti

apartamento

dingiral laana leydi

estación de tren

meeri

ayuntamiento

miise

museo

duɗal

escuela

duɗal jaaɓi haɗtirde

universidad

banke

banco

suudu safirdu

hospital

otel

hotel

farmasi

farmacia

gollirgal

oficina

suudu defte

librería

bitik

tienda

jeyoowo fuloraaji

floristería

sipermarse

supermercado

jeere

mercado

madase mawɗo

grandes almacenes

jeyoowo liɗɗi

pescadería

nokku coodateeɗo

centro comercial

poor

puerto

park

parque

jooɗorgal

banco

taccirgal

puente

ŋabbirɗe

escaleras

laawol metero

metro

laawul les leydi

túnel

fongo biis

arada de autobús

baar

bar

restora

restaurante

buwaat postaal

buzón

lewñowel laawol

poste indicador

to otooji ndaroto

parquímetro

nokku kullon

zoo

pisin

piscina

jama

mezquita

ngesa

granja

gakkingol hendu

contaminación

bammule

cementerio

egiliis

iglesia

dingiral

patio de juego

tampl

templo

yiyande taariinde
paisaje

baramlefol
hoja

tugayal tintinirgal
señal

laawol
camino

Huɗo sukkuko
prado

haayre
piedra

lekki
árbol

ŋayloowo
excursionista

maayo
río

huɗo
hierba

fuloor
flor

ku kaañe mawɗe to
ndiyam dogata
valle

waande
colina

weedu
lago

ladde
bosque

ladde yoornde
desierto

wolkan
volcán

satoo
castillo

timtimol
arcoíris

sampiñon
champiñón

leki palm
palmera

ɓowngu
mosquito

diwde
mosca

njabala
hormiga

mbuubu ñaak
abeja

njabala
araña

hoowoyre keppoore

escarabajo

faabru

rana

doomburu ladde

ardilla

sammunde

erizo

fowru

liebre

pubbuɓal

lechuza

colel

pájaro

kakeleewal ladde

cisne

mbabba tugal

jabalí

lella

ciervo

Nagge nde gallaɗi cate

alce

baraas

presa

masiŋel battowel hendu
jeynge
turbina eólica

Lowowel nguleeki

panel solar

kilima

clima

carwoowo
camarero

meni
menú

jooɗorgal
silla

suppu
sopa

pidsa
pizza

limsere taabal
mantel

gede ñaamirteede
cubertería

tongitirgel

primer plato

ñaamdu nguraandi

plato principal

tuftorogol

postre

njaram

bebidas

ñaamdu

comida

butel

botella

fast fud

comida rápida

ñaamdu laawol

comida callejera

baraade

tetera

cuɗayel suukara

azucarero

geɗel

porción

Masinŋ kafe

cafetera expreso

jooɗorgal toowngal

trona

biye

cuenta

ñorgo

bandeja

paaka

cuchillo

furset

tenedor

kuddu

cuchara

nokkere kuddu

cucharilla

sarbet

servilleta

weer

vaso

palaat
plato

palaat suppu
plato hondo

cupayel
platillo

soos
salsa

pot lamđam
salero

moññirgal poobar
molinillo de pimienta

bineegara
vinagre

nebam
aceite

kaađnooje
especias

ketsap
ketchup

muttard
mostaza

mayonees
mayonesa

ngustugul coggu
oferta especial

kiliyaan
cliente

kosameeje
lácteos

ɓikkon leɗɗe
fruta

daasirgel
carro de la compra

jeyoowo teew nagge

carnicería

juɗoowo mburu

panadería

ɓetde

pesar

lijim

verduras

teew

carne

ñaamdu ɓumnaandu

alimentos congelados

teew moftaaɗo

fiambres

ñaamdu nder buwat

conservas

condi lawyirteendu

detergente en polvo

bonboonji

dulces

geɗe ngurdaaɗe

productos de uso doméstico

porodiwiiji laaɓnirni

productos de limpieza

julaaajo

vendedora

haa

caja

kestotooɗo

cajero

limto coodateeɗi

ista de la compra

waktuuji golle

horario de atención al público

kalbe

cartera

kartal banke

tarjeta de crédito

saak

bolsa

saak dalli

bolsa de plástico

ndiyam

agua

njaram

zumo

kosam

leche

yûlmere

cola

sangara

vino

sangara

cerveza

sangara

alcohol

kakao

cacao

ataaya

té

kafe

café

kafe jon jooni

expreso

kafe italinaabe

capuchino

banaana

plátano

pom

manzana

oraas

naranja

dende

melón

limonŋ

limón

karot

zanahoria

laay

ajo

lekki bambu

bambú

basalle

cebolla

sampiñon

champiñón

gerte

avellanas

espageti

fideos

espageti
espagueti

maaro
arroz

salaat
ensalada

firit
patatas fritas

faatat cahaaɗo
patatas fritas

pidsa
pizza

amburgeer
hamburguesa

sandiwis
sándwich

buhal baddangal e lijim
filete

buhal teew
jamón

kaane biyeteeɗo sosison
salami

sosis
salchicha

gertogal
pollo

defaɗum
asado

liingu
pescado

efu gabbe kuwakeer

copos de avena

njilɓundi aɓuwaan e gabbe goɗɗe

muesli

kornfelek

copos de maíz

farin

harina

kurwasa

cruasán

pe o le

panecillo

mburu

pan

mburu juɗaaɗo

tostada

mbiskit

galletas

nebam boor

mantequilla

kosam kaaɗɗam

cuajada

gato

pastel

boccoonde

huevo

moccoonde fasnaande

huevo frito

foromaas

queso

kerem galaas

helado

suukara

azúcar

njuumri

miel

teew nagge

mermelada

nirkugol sokkola

crema de turrón

suppu kaane

curry

galle nder ngesa
granja

cukalel
granero

mahande huɗo
fardo de paja

ngesa
campo

puccu
caballo

reemorki
remolque

molu
potro

tarakteer
tractor

mbabba
burro

mbaalu
oveja

jawgel
cordero

ndamdi

cabra

nagge

vaca

mbeewa

ternero

mbabba tugal

cerdo

ɓingel mbabba tugal

cerdito

ngaari ladde

toro

jarlal ladde

ganso

gerlal

pato

cofel

pollo

jarlal

gallina

ngori

gallo

doomburu

rata

ullundu

gato

doomburu

ratón

nagge

buey

rawaandu

perro

nokku dawaaɗi

perrera

tiwo sardin

manguera

doosirgal

regadera

wofdu mawndu

guadaña

masinŋ demoowo

arado

wofdu

hoz

coppirgal

azada

rato

horca

hakkunde

hacha

buruwet

carretilla

mbalka

abrevadero

kosam buwat

lechera

saak

saco

kalasal galle

valla

nokku pucci

establo

inexistant

invernadero

leydi

suelo

abbere

semilla

nguurtinooje leydi

fertilizador

masinŋ coñirteeɗo

cosechadora

soñde

cosechar

soñde

cosecha

ñambi

ñame

bele

trigo

soja

soja

faatat

patata

maka

maíz

abbere lekki kolsa

semilla de colza

lekki firwiiji

árbol frutal

ñambi

mandioca

sereyaal

cereales

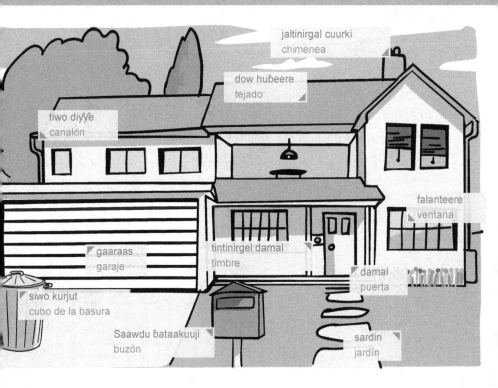

jaltinirgal cuurki
chimenea

dow huɓeere
tejado

tiwo diyƴe
canalón

falanteere
ventana

gaaraas
garaje

tintinirgel damal
timbre

damal
puerta

siwo kurjut
cubo de la basura

Saawdu ɓataakuuji
buzón

sardin
jardín

suudu yeewtere

sala

tarodde

cuarto de baño

waañ

cocina

suudu waalduru

dormitorio

suudu sakaaɓe

habitación de los niños

suudu hiraande

comedor

karawal

suelo

ɓalal

pared

asamaan suudu

techo

faawru

sótano

soona e ɗemngal farase

sauna

balko

balcón

teeraas

terraza

pisin

piscina

keefoowo huɗo

cortacésped

darap

sábana

darap

colcha

leeso

cama

pittirgal

escoba

suwo

balde

ñifirgel

interruptor

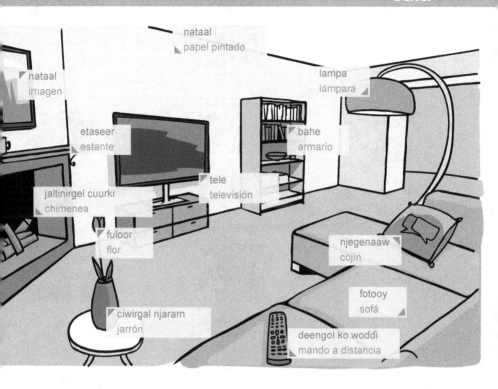

nataal
papel pintado

nataal
imagen

lampa
lámpara

etaseer
estante

bahe
armario

jaltinirgel cuurki
chimenea

tele
televisión

fuloor
flor

njegenaaw
cojín

fotooy
sofá

ciwirgal njaram
jarrón

deengol ko woɗɗi
mando a distancia

tappi

alfombra

rido

cortina

taabal

mesa

jooɗorgal

silla

jooɗorgal timmungal

mecedora

jooɗorgal tuggateengal

butaca

deftere

libro

cuddirgal

manta

jooɗnugol

decoración

leɗɗe kubbateeɗe

leña

filmo

película

materiyel hi-fi

equipo de música

coktirgal

llave

kaayit kabaruuji

periódico

pentirgol

pintura

posteer

póster

rajo

radio

teskorgel

cuaderno

boɗowel pusiyeer

aspiradora

kaktis

cactus

sondel

vela

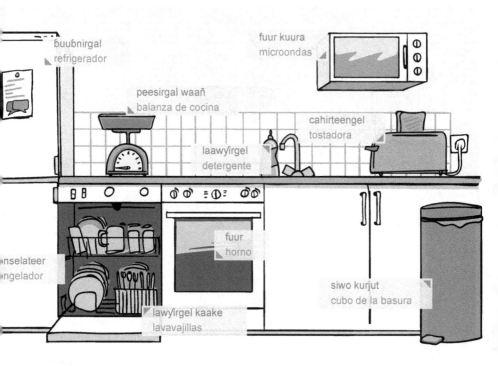

buubnirgal
refrigerador

fuur kuura
microondas

peesirgal waañ
balanza de cocina

cahirteengel
tostadora

laawyirgel
detergente

nselateer
ngelador

fuur
horno

siwo kurjut
cubo de la basura

lawyirgel kaake
lavavajillas

fuurno
....
olla a presión

pot
....
olla

barme
....
olla de hierro fundido

kasorol
....
wok / karahi

kasorol
....
cazuela

satalla
....
hervidor

suppere defirteende

vaporera

pool defirteeɗo

chapa de horno

lawyugol kaake

vajilla

pot jarduɗo

taza

suppeere

tazón

ñibirgon ñaamdu

palillos

kuddu luus

cucharón

kayit ɗakirteeɗo

espumadera

iirtude

batidor

ceɗirgel

colador

tame

cedazo

keefirgel

rallador

moññirgal

mortero

juɗgol

barbacoa

jeyngol e henndu

hoguera

coppirgal

tabla de picar

degnirgel ñaamdu feewnateendu

rodillo

buwaat

lata

udditirgel buwat

abrelatas

nangirgel pot

agarrador

udditirgel butel

sacacorchos

siimtude

lavabo

boros

cepillo

eppoos

esponja

jiibirgel

batidora

battowel galaas

congelador

jardugel tiggu

biberón

robine

grifo

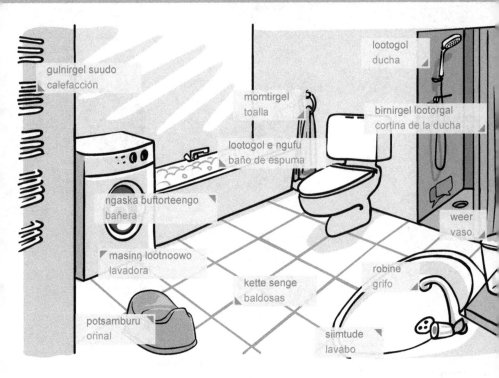

gulnirgel suudo
calefacción

lootogol
ducha

momtirgel
toalla

birnirgel lootorgal
cortina de la ducha

lootogol e ngufu
baño de espuma

ngaska buftorteengo
bañera

weer
vaso

masinŋ lootnoowo
lavadora

kette senge
baldosas

robine
grifo

potsamburu
orinal

siimtude
lavabo

taarorde

inodoro

joɗorgal kuwirteengal

inodoro rústico

biisirgel ndiyam

bidé

taarodde

urinario

kaayit momtirɗo

papel higiénico

boros taarorde

escobilla del váter

coccorgal ƴiiye

cepillo de dientes

sabunde ƴiiye

pasta de dientes

gaarowol ñiire

hilo dental

lawƴude

lavar

ɓoggol lootirteengol

ducha de mano

ɓuftogol

ducha íntima

loowirteengel

pila

demirgel huɗo

cepillo de espalda

sabunnde

jabón

bunde ɓuftorteende

gel de ducha

sampoye

champú

limsere wiro

toallita

ciiygol

desagüe

kerem

crema

uurnirgel

desodorante

daandorgal

espejo

daandorgal pamoral

espejo de tocador

pembirgel

maquinilla de afeitar

ngufu pembol

espuma de afeitar

moomiteengel pembol

loción postafeitado

yeesoode

peine

boros

cepillo

joornirgel sukunndu

secador

peewnirgel sukunndu

laca

makiyaas

maquillaje

jooɗirgel toni

pintalabios

momtirgel cegeneeji

pintauñas

garowol wiro

algodón

siso cegeneeji

cortauñas

parfon

perfume

waxande lootorgal

estuche de viaje

kuudi

banqueta

peesirgal

balanza

wutte cuftorteeɗo

albornoz

gaŋuuji dalli

guantes de goma

momtirer ƴiiƴam ella

tampón

kuus tiggu

compresa

lootogol simik

inodoro químico

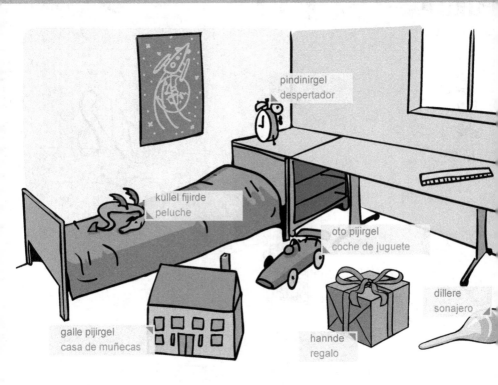

pindinirgel
despertador

kullel fijirde
peluche

oto pijirgel
coche de juguete

galle pijirgel
casa de muñecas

dillere
sonajero

hannde
regalo

sumalle dalli

globo

leeso

cama

duñirgel tiggu

coche de niño

nokkere karte

naipes

fijirde lombondirgol

puzle

njalniika

tebeo

pijirgel tuufeeje

piezas de lego

tuufeeje

bloques de juguete

pijirgel

figura de acción

comcol tiggu

bodi (de bebé)

palaat diwwoow

frisbee

noddirgel

colgador móvil para bebés

pijirgel

juego de mesa

dee

dados

ñemtinirgel laana ndegoowa

circuito de tren eléctrico

neɗɗo fuuunti

maniquí

fijirde

fiesta

deftere nate

álbum de fotos

bal

pelota

puppe

muñeca

fijde

jugar

mbalka ceenal

cajón de arena

beeltirgal

columpio

pijirgel

juguetes

pijiteengel see widewo

videoconsola

welo biifi tati

triciclo

pijirgel kullel urs

oso de peluche

armuwaar

guardarropa

comcol

ropa

kawase

calcetines

kawase

medias

tuubayon bittukon

leotardos

musuuro
bufanda

paraseewal
paraguas

dadorde
cinturón

tiset
camiseta

pade toowde
botas

pade suudu
zapatillas

pade bokkateede
deportivas

pade diwa

sandalias

pade

zapatos

padde toowde lirotoode

botas de goma

cakkirdi

slip

sucengors

sostén

silet

chaleco

banndu
bodi

tuuba
pantalones

jiin
vaqueros

robbo
falda

buluson
blusa

simis
camisa

piliweer
jersey

weste nebbu
suéter

layset
blazer

jaget
chaqueta

weste juudɗo
abrigo

wutte toɓo
gabardina

kostim
traje

robbo
vestido

robbo yange
vestido de novia

weste
traje

wutte baalduɗo
camisón

pijama
pijama

sari
sari

muusooro
bandana

kaala
turbante

kaala
burka

sabndoor
caftán

abbaay
abaya

comcol lumbirogol
traje de baño

cakkirɗi
bañador

kilot
pantalones cortos

joogin
chándal

limsere deffowo
delantal

gaɲuuji
guantes

ɓoɗɗirgel

botón

lone

gafas

jawo

brazalete

cakka

collar

feggere

anillo

hootonde

pendiente

laafa

gorra

liggirgal weste

percha

laafa

sombrero

karawat

corbata

zip

cremallera

laafa ndeenka

casco

ganŋ

tirantes

comcol duɗal

uniforme escolar

iniform

uniforme

sarbetel daande
....
babero

neɗɗo fuuunti
....
maniqui

kuus
....
pañal

gollirgal
oficina

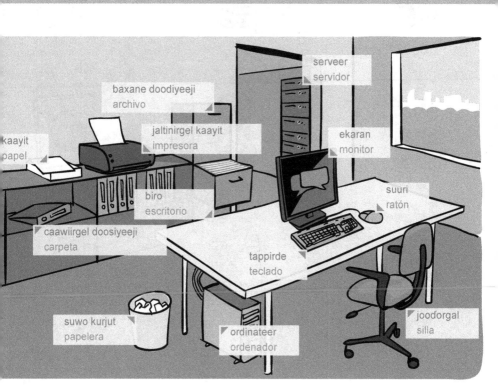

serveer
servidor

baxane doodiyeeji
archivo

jaltinirgel kaayit
impresora

kaayit
papel

ekaran
monitor

biro
escritorio

suuri
ratón

caawiirgel doosiyeeji
carpeta

tappirde
teclado

suwo kurjut
papelera

ordinateer
ordenador

jooɗorgal
silla

kuppu kafe
....
taza de café

qiimorgal
....
calculadora

enternet
....
internet

ordinateer beelnateeɗo

portátil

bataake

carta

bataake

mensaje

noddirgel

móvil

reso

red

cottitirgel

fotocopiadora

losisiyel

software

noddirgel

teléfono

ceŋirgel ɓoggol kuura

toma de corriente

masinŋ faks

fax

mbaadi

formulario

dokiman

documento

soodde

comprar

soodde

pagar

yeyde

comerciar

kaalis

dinero

dolaar

dólar

eroo

euro

yen

yen

ruubal

rublo

faran Siwis

franco suizo

yuwaan renminbi

renminbi yuan

rupii

rupia

masinŋ keestordo kaalis

cajero automático

nokku beccugol e neldugol

oficina de cambio de divisas

kanŋe

oro

kaalis

plata

esaans

petróleo

sembe

energía

coggu

precio

kontara

contrato

taks

impuesto

marsandiss moftaaɗo

acción

gollude

trabajar

gollinteeɗo

empleado

gollinoowo

empleador

isin

fábrica

bitik

tienda

dadiiɗo
agente de policía

ñifoobe jeyle
bombero

defoowo
cocinero

cafroowo
médico

pilot
piloto

toppitiiɗo sardin

jardinero

minise

carpintero

ñootoowo

costurera

ñaawoowo

juez

simist e ɗemngal farayse

farmacéutico

aktoor

actor

dognoowo biis

conductor de autobús

dognoowo taksi

taxista

gawoowo

pescador

pittoowo

señora de la limpieza

cengirɗe huɓeere

techador

carwoowo

camarero

daddoowo

cazador

pentiroowo

pintor

piyoowo mburu

panadero

gollowo kuura

electricista

mahoowo

obrero

enseñeer

ingeniero

jeyoowo teew keso

carnicero

polombiyer

fontanero

nawoowo batakuuji

cartero

kooninke
soldado

diidoowo ɓahanteeri
arquitecto

kestotooɗo
cajero

eyoowo fuloraaji
florista

mooroowo
peluquero

dognoowo
revisor

mekanisiyenŋ
mecánico

kapiteen
capitán

cafroowo ƴiiƴe
dentista

miijotooɗo
científico

kellifaaɗo diine to israayel
rabino

imaam
imán

ŋwaan e e ɗemngal
farayse
monje

kellifaaɗo diine heerereeɓe
sacerdote

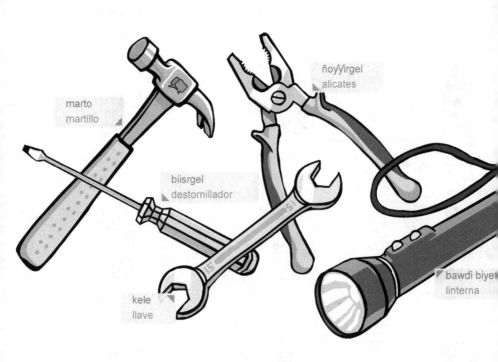

marto
martillo

ñoyÿirgel
alicates

biisrgel
destornillador

kele
llave

bawđi biye
linterna

pikku

excavadora

baxanel kaborđe

caja de herramientas

ŋabbirgal

escalera de mano

tayirgal

sierra

yibirđe

clavos

julirgal

taladro

fewnitde
reparar

nokkirgel
pala

Soo!
¡Maldita sea!

boftirgel kurjut
recogedor

pot penttiir
bote de pintura

wiisuuji
tornillos

kongirgon misik
instrumentos musicales

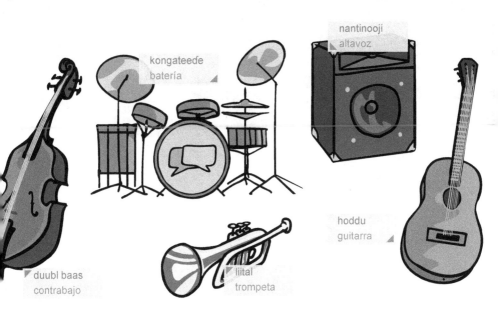

nantinooji
altavoz

kongateeɗe
batería

duubl baas
contrabajo

liital
trompeta

hoddu
guitarra

piayaano

piano

wiyolon

violín

baas

bajo

bowɗi biyeteeɗi timpani

timbales

bawɗi

tambor

tappirgal

teclado

saksofoon

saxofón

nguurdu

flauta

mikoro

micrófono

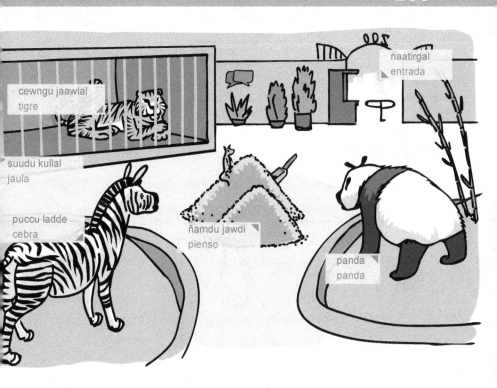

naatirgal
entrada

cewngu jaawlal
tigre

suudu kullal
jaula

puccu ladde
cebra

ñamdu jawdi
pienso

panda
panda

kulle
animales

ñiiwa
elefante

kanguru
canguro

rinoseros
rinoceronte

waandu mowndu
gorila

urs
oso

ngelooba

camello

sundu burndu mownude

avestruz

mbaroodi

león

waandu

mono

ñaaral pural

flamingo

seku

loro

urso galaas

oso polar

liingu wiyeteendu penguwe

pingüino

lingu reke

tiburón

ndiwri wiyeteendu pawon

pavo real

laadoori

serpiente

nooro

cocodrilo

deenoowo zoo

guardián de zoológico

togoori ndiyam wiyeteendu
fok e farayse

foca

cewngu

jaguar

molu
poni

cewngu
leopardo

ngabu
hipopótamo

njabala
jirafa

ciilal
águila

mbabba tugal
jabalí

liingu
pescado

heende
tortuga

kullal biyeteengal morse
morsa

renaar
zorro

lella
gacela

Fuggukoyngel Amerknaabe
fútbol americano

dognugol welo
ciclismo

tenis
tenis

beysbol
baloncesto

lumbagol
natación

boks
boxeo

fuggukoyngel e gala
hockey sobre hielo

Fuggukoyngel
fútbol

badminton
bádminton

atelettuuji
atletismo

hanbol
balonmano

fijirɗe deggol e nees
esquí

polo
polo

diwde
saltar

buucaade
abrazar

jalde
reir

yaade
caminar

yimde
cantar

hoyditaade
soñar

juulde
rezar

buucaade
besar

windude

escribir

siifde

dibujar

hollude

mostrar

duñde

empujar

rokkude

dar

yettude

tomar

deñde

tener

wadde

hacer

wonde

ser

ummaade

estar de pie

dogde

correr

foodde

tirar

weddaade

tirar

yande

caer

fende

yacer

sabbaade

esperar

roondaade

llevar

joodaade

estar sentado

boornaade

vestirse

daanaade

dormir

finde

despertar

ƴeewde

mirar

woyde

llorar

helde

acariciar

yeesaade

peinar

haalde

hablar

faamde

entender

naamnaade

preguntar

heɗaade

escuchar

yarde

beber

ñaamde

comer

hawrinde

ordenar

yiɗde

amar

defde

cocinar

dognude

conducir

diwde

volar

awỹude

navegar

qimaade

calcular

jangude

leer

jangude

aprender

gollude

trabajar

resde

casarse

ñootde

coser

soccaade ỹiiỹe

cepillarse los dientes

warde

matar

simmaade

fumar

neldude

enviar

o debbo

taaniraaɗo gorko
abuelo

baabiraaɗo
padre

yummiraaɗo
madre

tiggu
bebé

biɗɗo debbo
hija

biɗɗo gorko
hijo

koɗo

invitado

goggiraaɗo

tía

kaawiraaɗo

tío

owniraaɗo gorko

hermano

mowniraaɗo debbo

hermana

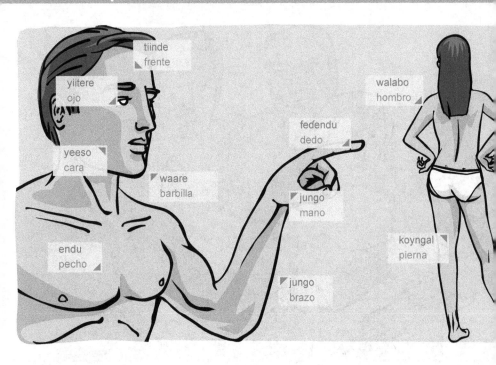

tiinde
frente

yiitere
ojo

walabo
hombro

fedendu
dedo

yeeso
cara

waare
barbilla

jungo
mano

endu
pecho

koyngal
pierna

jungo
brazo

tiggu

bebé

gorko

hombre

debbo

mujer

deftere kongoli

chica

suka gorko

chico

hoore

cabeza

keeci

espalda

reedu

vientre

wuddu

ombligo

fedendu koyngal

dedo del pie

jabborgal

talón

ỹiyal

hueso

rotere

cadera

hofru

rodilla

salndu junngu

codo

hinere

nariz

dote

trasero

nguru

piel

abbulo

mejilla

nofru

oído

tonndu

labio

hunuko

boca

ñiire

diente

demngal

lengua

ngaandi

cerebro

bernde

corazón

yiyal

músculo

wecco

pulmón

heeñere

hígado

estoma

estómago

tekteki mawni

riñones

terde

sexo

laafa ndeenka

condón

boccoonde maniya

ovario

maniya

semen

reedu

embarazo

ŷiiŷam ella

menstruación

farja

vagina

kaake

pene

leeɓi dow yiitere

ceja

sukunndu

pelo

daande

cuello

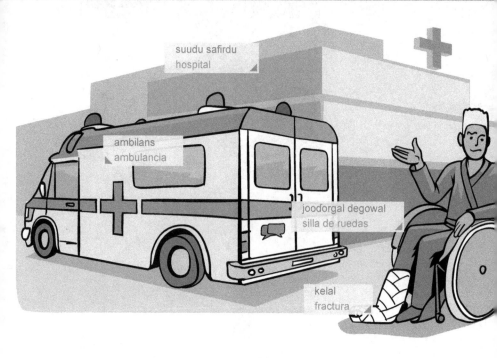

suudu safirdu
hospital

ambilans
ambulancia

joodorgal degowal
silla de ruedas

kelal
fractura

cafroowo

médico

suudo irsaans

sala de urgencias

cafroowo

enfermera

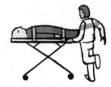

irsaans

urgencia

padɗiiɗo

inconsciente

muuseeki

dolor

gaañande

lesión

tuyƴude

hemorragia

bernde dartiinde

infarto

darogol bernde

ictus

alersi

alergia

dojjugol

tos

nguleeki bandu

fiebre

mabbo

gripe

reedu dogooru

diarrea

muuseeki hoore

dolor de cabeza

kanser

cáncer

jabet

diabetes

operasiyon

cirujano

ceekirgel

bisturí

operasiyon

operación

CT
TAC

reyon-x
rayos x

iltarason
ultrasonido

mask yeeso
mascarilla

ñaw
enfermedad

suudu sabbordu
sala de espera

sawru tuggorgal
muleta

palatar
tirita

bandaas
venda

pikkitagol
inyección

kediɗgel dille bandu
estetoscopio

balankaaru
camilla

betirgel nguleeki banndu
termómetro

jibinegol
nacimiento

bandu burtundu
sobrepeso

allotirgel nonooje

audífono

desefektan

desinfectante

infeksiyon

infección

viris

virus

HIV / SIDA

VIH / SIDA

safaara

medicina

ñakko

vacunación

tabletuuji

tabletas

foɗɗere

pastilla

daango heñoraango

mada de urgencia

ɓetirgel dogdu ƴiiƴam

tensiómetro

sellaani / salli

enfermo / sano

Paabođe!

¡Socorro!

tintinirgel

alarma

jangol

asalto

yande e

ataque

musiiba

peligro

damal dandirgal

salida de emergencia

Paabođe!

¡Fuego!

ñifirgel jeynge

extintor de incendios

aksida

accidente

gеđе cafrorđe gadane

botiquín de primeros
auxilios

BALLAL

SOS

Polis

policía

Erop

Europa

Amerik to Rewo

Norteamérica

Amerik to Worgo

Sudamérica

Afiriki

África

Asi

Asia

Ostarali

Australia

Atalantik

Atlántico

Pasifik

Pacífico

Oseyan Enje

Océano Índico

Oseyan Antarktik

Océano Antártico

Osean Arkatik

Océano Ártico

Bange Rewo

polo norte

Bange Worgo

polo sur

Antarktik

Antártida

Leydi

tierra

leydi

tierra

maayo mawngo

mar

wuro nder ndiyam

isla

leydi

nación

jamaanu

estado

yeeso montoor

esfera

misalel waqtu

manecilla de las horas

misalel hojomaaji

minutero

misalel majanɗe

segundero

Hol waqtu jonɗo?

¿Qué hora es?

ñalawma

día

saha

tiempo

jooni

ahora

montoor disitaal

reloj digital

hojom

minuto

waqtu

hora

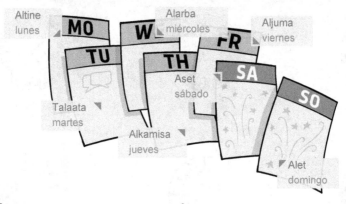

Altine / lunes
Alarba / miércoles
Aljuma / viernes
Talaata / martes
Aset / sábado
Alkamisa / jueves
Alet / domingo

hanki

ayer

hande

hoy

jango

mañana

subaka

mañana

beetawe

mediodía

kikiiɗe

tarde

ñalawmaaji golle

días laborables

ñalamaaji fooftere

fin de semana

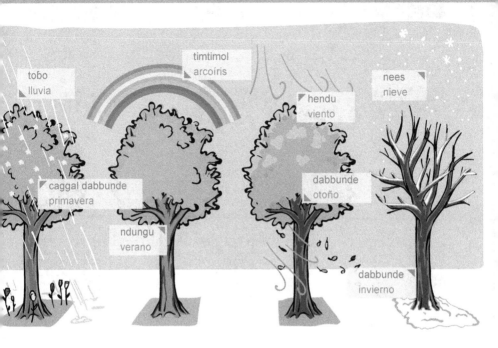

tobo
lluvia

timtimol
arcoíris

hendu
viento

nees
nieve

caggal dabbunde
primavera

dabbunde
otoño

ndungu
verano

dabbunde
invierno

brugol geɗe weeyo
pronóstico del tiempo

betirgal nguleeki
termómetro

nguleeki naange
sol

duulal
nube

niɓɓere niwri
niebla

ɓuuɓol
humedad

majaango
....
rayo

gidango
....
trueno

hendu yaduungo e gidaali
....
tormenta

toɓo mawngo
....
granizo

keneeli mawɗi
....
monzón

toɓo yooloongo
....
inundación

galaas
....
hielo

Janwiye
....
enero

Feeviriye
....
febrero

Mars
....
marzo

Awril
....
abril

Me
....
mayo

Suwe
....
junio

Suliye
....
julio

Ut
....
agosto

Setanbar

septiembre

Oktobar

octubre

Noowambar

noviembre

Desambar

diciembre

Mbaadi
formas

taariɗum

círculo

bangeeji potɗi

cuadrado

rektangal

rectángulo

tiriyangal

triángulo

esfeer

esfera

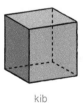

kib

cubo

deneejo

blanco

puro

amarillo

oraas

anaranjado

roos

rosa

boɗeejo

rojo

yolet

morado

bulaajo

azul

werte

verde

baka

marrón

giri

gris

baleejo

negro

heewi / famɗi
··············
mucho / poco

mittinɗo / deeyɗo
··············
enojado / tranquilo

yooɗi / soofi
··············
bonito / feo

uɗɗorde / gasirde
··············
principio / fin

mawni / famɗi
··············
grande / pequeño

leeri / ɗibbiɗi
··············
claro / oscuro

niraaɗo gorko / debbo
··············
ermano / hermana

laabi / tulmi
··············
limpio / sucio

timmi / manki
··············
completo / incompleto

halawma / jamma
··············
día / noche

mayi / wuuri
··············
muerto / vivo

yaaji / bitti
··············
ancho / estrecho

ñaame / ñaametaake

comestible / no comestible

bonɗum / moyɣi

malo / amable

weelti / deeyi

entusiasmado / aburrido

ɓutto / cewɗo

gordo / delgado

gadiiɗo / cakkitiiɗo

primero / último

sehil / gaño

amigo / enemigo

heewi / ɓolɗi

lleno / vacío

tiiɗi / hoyi

duro / blando

teddi / hoyi

pesado / ligero

heege / ɗomka

hambre / sed

sellaani / salli

enfermo / sano

dagaaki / dagi

ilegal / legal

ɣoyi / yiɣaani

inteligente / tonto

ñaamo / nano

izquierda / derecha

ɓadi / woɗɗi

cerca / lejos

keso / kiiɗɗo

nuevo / usado

haydara / huunde

nada / algo

nayeeji / suka

viejo / joven

e heen / ala heen

cendido / apagado

udditi / uddi

abierto / cerrado

deeƴi / dilla

silencioso / ruidoso

galo / baasɗo

rico / pobre

feewi / feewaani

correcto / incorrecto

tekki / ɗaati

áspero / suave

suni / weelti

triste / contento

daɓɓo / jutɗo

corto / largo

leeli / yaawi

lento / rápido

leppi / yoori

húmedo / seco

wuli / ɓuuɓi

cálido / frío

hare / jam

guerra / paz

ceertuɗe - opuestos

0

meere

cero

1

goo

uno

2

điđi

dos

3

tati

tres

4

nay

cuatro

5

joy

cinco

6

jeegom

seis

7

seeđiđi

siete

8

jeetati

ocho

9

jeenay

nueve

10

sappo

diez

11

sappo e goo

once

12

sappo e ɗiɗi

doce

13

sppo e tati

trece

14

sappo e nay

catorce

15

sappo e joy

quince

16

sappo e jeegom

dieciséis

17

sappo e jeeɗiɗi

diecisiete

18

sappo e jeetati

dieciocho

19

sappo e jeenay

diecinueve

20

noogas

veinte

100

teemedere

cien

1.000

ujunere

mil

1.000.000

miliyonŋ

millón

Angale

inglés

Angale Amerik

inglés americano

Mandare Siin

chino mandarín

Indo

hindi

Español

español

Farayse

francés

Arab

árabe

Riis

ruso

Portige

portugués

Bengali

bengalí

Alma

alemán

Sappone

japonés

miin

yo

ann

tú

kanŋko / kanŋko / kañum

él / ella / ello

minen

nosotros/as

onon

vosotros/as

kambe

ellos/as

holi oon?

¿quién?

hol đum?

¿qué?

hol no?

¿cómo?

hol toon?

¿dónde?

mande?

¿cuándo?

innde

nombre

caggal

detrás

nder

en

yeeso

delante de

hedde

por encima de

dow

sobre

les

debajo de

sara

junto a

hakkunde

entre

nokku

lugar